みんな笑顔で、いただきましょう！

顔ごはんと顔おやつ

小学館

はじめに

はじめまして、ぺろりです。

趣味で始めた記録用アカウントから、訳もわからず世に飛び出してまいりました。

まずは、この本を手に取ってくださり、心より感謝申し上げます。

おいしくて、ぺろりと食べてしまうお料理をつくるぺろりキッチン。これからぺろりキッチンに立つあなたに、記録用の写真と共に、お顔つけのポイントも含めてお知らせしていこうと思います。

そもそも、私がお顔つけを始めたきっかけは、私が小学生だったころにさかのぼります。フィギュアスケートを習っていた当時、リンクや移動中の車で母のお弁当をよく食べていました。アスリートとしての健康を考えた母のお弁当は、栄養＆愛情たっぷりで、それはそれはおいしかった。……ですが、たんぱく質多めの茶色い地味弁でした（茶色こそおいしい！）。

遠足や運動会で、お友だちのかわいいお弁当を見て、つい自分のお弁当をふたで半分隠しながら食べてしまったこともありました。

そんな記憶から、かわいいお弁当をつくってみたかったのかもしれません。

かわいいといっても、複雑なことはしていません。食べる人が一瞬でもほっこりできたらいいなぁ、なんて思いながらお顔をつけるようになりました。

子どもが生まれてからは、食の細い息子がおいしそうに食べてくれるのがうれしくて、ますますお顔つけが楽しみに。

ぺろりの顔ごはんと顔おやつに登場するキャラクターは、素材を生かした、世界に1つのオリジナルキャラクターです。材料もつけ方も単純！　すぐにまねしていただけると思います。

鼻や目の位置が少々ずれていてもいいんです。偶然できたゆる〜いお顔が何ともかわいい。

「かわいいなぁ」「おいしそうだなぁ」と思ったら、早速今日からいかがでしょう？

子どもが楽しくごはんをよく食べるのはもちろん、大人だってきっとHappyな気持ちになれるはず。

さて、黒ごま片手に、ぺろりキッチンへ行きますか。

もくじ

 perori column

本書の使い方

●1カップは200㎖、大さじ1は15㎖、小さじ1は5㎖です。

●「少々」は、親指と人差し指でつまんだ約小さじ1/8くらいの量です。

●電子レンジでの加熱時間は、600Wを基準に表しています。また、電子レンジやオーブンは、機種により加熱時間が異なりますので様子を見ながら加熱してください。

●野菜を洗う、皮をむくなどの下準備は一部省略しています。

●はちみつを使ったレシピは、1歳未満の乳児には与えないでください。

この本で、最も多く登場する

黒ごまのつけ方

1

黒ごまを1粒ずつピンセットで取り、さっと水に通す。

2

1をご飯などにのせる。このとき、黒ごまのとがったほうを上にすると、たれ目に見えてかわいい。寄り目にするとバランスがとりやすく失敗しない。

3

置いた黒ごまの表面にほんの少し水をつけると、写真を撮るとき、キラッとした目になる。

まずは、
お顔つけの基本を
紹介するよ！

お顔つけのポイントは、最初に鼻からつけること（髪があるときは、髪が最初）。まず、お顔の真ん中にある鼻の位置を決めると、その後のパーツをつけやすくなります。続いて、目→口→ひげなどの順につけていきます。いずれも、つけたい場所を決めたらさっと置き、置いた後は動かさないのが◎。一度つけた後つけ直したり動かしたりすると、ご飯などがくっついて失敗の原因になります。直感で、パッと置く。これが上手につける秘訣（ひけつ）です。どんなお顔も味がある。

ピンセット

箸や指だと扱いにくい、黒ごまなどの細かいパーツを扱うときに便利。まず1本買うなら、100均にもある先が細くカーブがあるものをチョイス。

はさみ

焼きのりやスライスチーズを切るときにマスト。普通のはさみでOKなので、専用のものをキッチンに常備したい。

ストロー

スライスチーズや魚肉ソーセージを丸く抜くのに重宝。細いものと太いもの、2種類あると便利。

のりパンチ

はさむだけで焼きのりをカットできる優れモノ。ぶきっちょさんには、必需品かも。

目・髪・鼻・口のつけ方

「お顔つけ」の基本を押さえたら、
それぞれのバリエーションをチェック！

昆布の
つくだ煮

表情の要となる、目。
数種類の食材でほとんどの
お顔がつくれます

焼きのりにスライスチーズを
重ねてたぬき顔に

焼きのり
+
スライスチーズ
（たぬき）

eyes

昆布のつくだ煮で、眉のできあがり！

まぁるいスライスチーズと焼きのりできょろ目に

ひじき

目の上につけるだけで、おとぼけ顔に！

スライスチーズ
+
焼きのり

黒ごま

昆布の
つくだ煮

お顔に躍動感を
出すのが、髪。
ご飯との相性も抜群です

hair

髪

まさに、ごま塩頭くん。白ごまをつけても good

つやのあるぼってり hair にできる！

おぼろ
昆布

納豆

ふんわりのせるだけで、ぼさぼさ hair に！

納豆嫌いでも思わず食べたくなる！

目 のつけ方 ----------------------------- ┤ eyes ├ ----------

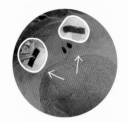

スライスチーズ
＋
焼きのり

昆布の
つくだ煮

ひじき

焼きのり
＋
スライスチーズ
（たぬき）

ストローでスライスチーズ
を丸くくり抜く。チーズは、
直前まで冷蔵庫で冷やして
おくと扱いやすい。

↓

適当な長さに切った昆布の
つくだ煮を目の上につける
と、困ったような顔に見え
る。

黒ごまなどでつけた目の上
に、カーブのあるひじきを
ちょこんとつけるととぼけ
た表情になる。

焼きのりをはさみでそら豆
のような形に切って、貼る。

↓

ストローでスライスチーズ
を丸くくり抜き、焼きのり
に重ねて黒ごまをつける。

12

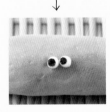

のりパンチで、スライス
チーズより小さく焼きのり
を切り取って重ねる。のり
パンチがない場合は、はさ
みで丸く切る。

髪 のつけ方 ------------------------------ ⊦ hair ⊦ ------

 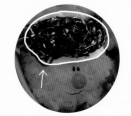 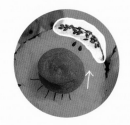 

おぼろ昆布

昆布の
つくだ煮

黒ごま

納豆

小皿に黒ごまを入れて、髪
をつけたい部分を湿らせ、
黒ごまに押しつける。

箸でおぼろ昆布をふわっと
のせ、軽くおさえてまとめ
る。

箸で昆布のつくだ煮をつま
み、無造作にトッピングし
たら軽くおさえる。

よく混ぜた納豆をのせて平
らにする。ひきわり納豆を
使っても！

お顔の中心にあり、
いちばん大きなスペースを
しめるパーツ

nose

鼻

おだんごみたいにまるい鼻にするなり……

梅干し

いろんな大きさの梅干しをつけちゃおう！

ミート
ボール

焼きのり

インパクト大。しかも、おいしい！

応用範囲の広さはピカイチ

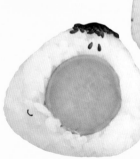

さつま
いも

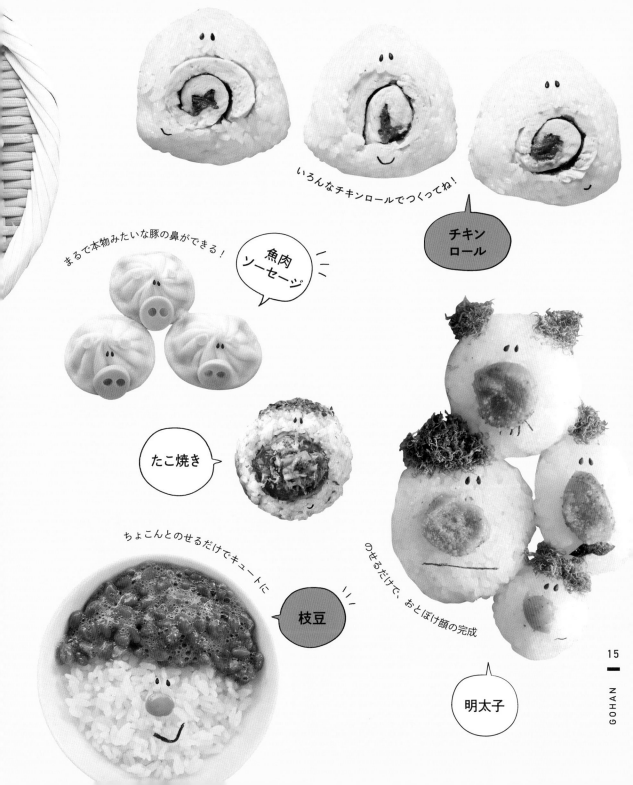

いろんなチキンロールでつくってね！

チキン
ロール

まるで本物みたいな豚の鼻ができる！

魚肉
ソーセージ

たこ焼き

ちょこんとのせるだけでキュートに

枝豆

のせるだけで、おとぼけ顔の完成

明太子

のつけ方

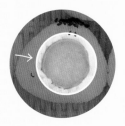

ミートボール

梅干し

さつまいも

焼きのり

ラップにご飯をのせて真ん
中をへこませ、さつまいも
の甘煮を1切れのせる。

↓

ミートボールを半分に切
り、切った面を下にして置
く。スプーンでたれを少し
塗るとテリテリになってお
いしそう。

梅干しをのせたい場所を軽
くへこませる。

↓

へこませた部分に梅干しを
のせる。

さつまいもが見えるように、
ラップごとにぎって形を整
える。

焼きのりを楕円や丸い形に
はさみで切って、貼る。ご
飯などが温かいとのりが縮
むので、大きめに切るのが
コツ。

16

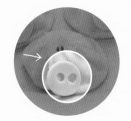
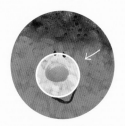

明太子

チキンロール

魚肉ソーセージ

枝豆

明太子やたらこを輪切りに
するか、身をほぐして丸め
てのせる。たこ焼きをのせ
てもgood！

ラップにご飯をのせて真ん
中をへこませ、チキンロー
ルを1切れのせて包む。

↓

チキンロールが見えるよう
に、ラップごとにぎって形
を整える。

魚肉ソーセージを薄く切
り、ストローで2か所くり
抜いて鼻の穴をつくる。
くり抜いた丸い魚肉ソー
セージは、耳などに利用す
る。

ゆでてさやから出した枝豆
を顔の真ん中にちょこんと
置く。枝豆は冷凍品でも。

17

表情を豊かにする、口。
最後につけて、
お顔つけのまとめ役に

mouth

口

コーン

2つ重ねて埋め込むだけでひよこ顔に

あっという間におちょぼ口のできあがり！

ひじき

まっすぐに切って貼るだけ！

焼きのり

いろんな口の表情を表現するならコレ！

昆布の
つくだ煮

18

動物の鼻の下＆口の表現にはイチオシ

スライス
チーズ

好みの形に切ってのせちゃおう

焼きのり

黒ごま

ぷちっとした口にしたいときにおすすめ

えへへっと笑う結んだ口にしたいなら……

糸唐辛子

口 のつけ方

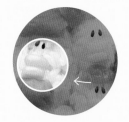

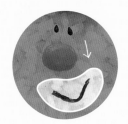

焼きのり

コーン

昆布の
つくだ煮

ひじき

焼きのりをはさみで細く切り、ご飯などにのせる。長くするとキリッとした表情になる。水分でキュッと縮むので、気をつけて。

口をつけたい部分を軽くへこませる。

↓

コーンを2つそろえて軽く埋める。

カーブや長さを利用して、好みの長さにはさみで切る。

ひじきはよく見ると微妙に形が違うので、そのままの形で利用したり、端を少し切ったりして口にすると面白い。

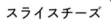

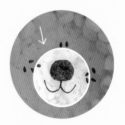

スライスチーズ

黒ごま

糸唐辛子

焼きのり

ストローで丸くくり抜いた
スライスチーズに、スト
ローをずらしてあてて型抜
きする。微妙なカーブで表
情に動きが出る。

黒ごまにさっと水をつけ
て、とがったほうを上にし
てつける。黒ごま2つをV
字になるように置くと、笑
った顔になる。

そのまま真っすぐに置いて
もいいし、カーブを利用し
て好みの形状にはさみで
切っても。

焼きのりを細く切って温か
いご飯などの上に置くと、
温かさでしんなりしてく
るっと丸くなる。犬やうさ
ぎなど動物の口の周りに。

えへへ

【 うずら卵の帽子おにぎり 】

小さく丸くにぎった塩おにぎりに、黒ごまで目を、糸唐辛子で口をつけてにっこり顔に。うずら卵の目玉焼きを1つずつペタッとのせると、帽子みたいになるよ！

【 鼻デカさん 】

混ぜご飯を栗の形ににぎり、下のほうに白ごまか黒ごまをまぶす。栗の甘露煮を半分に切って真ん中にのせ、黒ごまで目をちょんちょんとつけて愛嬌いっぱいの鼻デカさんに。

みんなの好きな
顔むすび図鑑

丸や動物の形ににぎったおにぎりにお顔をつけた、その名も「顔むすび」。
ベースのご飯は、白飯もいいですが、混ぜご飯や味つきご飯を使ってもおいしい。

【 ぴよぴよソーセージ 】

丸くにぎった塩おにぎりに、黒ごまとコーンをつけてお顔を表現。仕上げに、ゆでた赤いソーセージをのせたら立派なトサカの完成！

ぴよ、
ぴよ〜

22

【 クリチおにぎり 】

真ん丸ににぎった塩おにぎりに、黒ごまと昆布のつくだ煮でお顔をつける。クリームチーズのおかかめんつゆ和えをのせたら、リボンみたいに見えるよ！

サイコロ状に切ったクリームチーズ、めんつゆ（3倍濃縮タイプ）、削り節をさっと混ぜる。

塩おにぎりに、クリームチーズを2〜3個ずつそろっとのせる。

【 おかめおにぎり 】

焼きのりを長方形に2枚切り、塩おにぎりに貼って髪をつける。ちぎった梅干し、黒ごま、焼きのりで鼻、目、口を表現したら、わ、おかめちゃんに！

【 トナカイおにぎり 】

温めた焼きおにぎり（市販品）の厚みを半分に切り、れんこんのきんぴらをサンド。ツノも刺して、スライスチーズと焼きのりで目を、かに風味かまぼこで鼻をつけて。Merry Christmas！

【 しば漬けぴよぴよ 】

しば漬けを見て、ふと思いついたおにぎり。丸いおにぎりに、黒ごまで目を、コーンで口をつけて、トサカと肉ひげにはしば漬けをちょんとのせました。

POINT

前髪を真ん中でわけているように、焼きのりを左右に1枚ずつ貼る。

【 みけ猫おにぎり 】

ご飯と味つきご飯を一緒ににぎって、みけ猫おにぎりに。一見むずかしそうですが、つくってみると意外と簡単。焼きのりで鼻とひげをつけて、黒ごまを並べて寄り目にするとかわいい。

手のひらにラップをのせて、ご飯を適量のせる。

↓

ラップを軽く包み、三日月形に形を整える。

↓

さらに、ご飯の半量くらいの味つきご飯をのせる。

↓

ラップで包み、大まかに猫の形にしたら、指でつまんで耳の形をつくる。

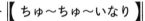

【 ちゅ〜ちゅ〜いなり 】

いなり寿司に黒豆で鼻をつけて、黒ごまで目、ひげ、口を表現。小さく丸めた寿司飯を2つずつ置いて、耳もできた〜！

POINT

卵焼きにストローで穴をあけたら、まるでチーズ！

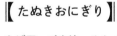

【 たぬきおにぎり 】

あげ玉、ごま油、めんつゆ（3倍濃縮タイプ）入りのご飯を大小丸くにぎって顔と耳をつくり、焼きのり、スライスチーズ、黒ごまで目をつける。

POINT

おにぎりに焼きのりを巻いたら、ラップで包んでなじませる。

指で耳の部分を軽く押さえて、耳の形を整える。

【 黒猫おにぎり 】

P.24 のみけ猫おにぎりと同様に、猫の形のおにぎりをつくって焼きのりで包む。薄切りの大根と黒ごまでお顔をつけたら、黒猫に！

【 白くまおにぎり 】

マグカップにご飯をこんもりと盛り、焼きのりで鼻を、黒ごまで目を、ひじきで口をつける。ご飯を小さく丸めて耳をつけたら、カリッとした味つき油揚げ（市販品）を置いてアクセントに。

【 スノーマンいなり 】

いなり揚げにまぁるい寿司飯を 2 個ずつ入れて、黒ごまとさつまいもの煮物でお顔をつける。細く裂いたかに風味かまぼこをくるりと巻いたら、スノーマンがやってきた！

POINT

寿司飯をひと口分ずつラップで包み、ラップをねじって丸める。

いなり揚げを開いて内側に折り、寿司飯を 2 つずつ入れる。

かに風味かまぼこは、赤い部分を細く裂き、1 本に別の 1 本をかけてマフラーをつくる。

細くて赤いマフラーを、スノーマンの首もとにくるりと巻く。

毎朝起きるのが楽しみ！

パパンがパン!!

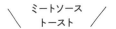

食パンやイングリッシュマフィンにちょこっとお顔をつけて、にこにこ顔のパンに。
目覚めが悪い子どもの朝食にぴったりな、朝から元気100倍になれそうな顔パンです。

テフロン加工のフライパンにサラダ油・塩各々を入れて弱火で熱し、うずら卵を割り入れる。

指で黄身をそっと押さえて、黄身の位置を固定する。

ふたをすると黄身が白濁するので、そのまま好みの固さになるまで加熱する。

＼ ミートソース トースト ／

食パンにピザ用チーズ、ミートソースをのせて、オーブントースターで3〜4分加熱。うずら卵の目玉焼きをのせて、黒ごま、糸唐辛子でお顔をつければ、朝からほっこり元気100倍♪

26

スマイルトースト

食パンをブレッドカッターで抜いて、トースト。母の日に生ハムときゅうりを使ってカーネーションを送りませんか？

エッグパン

カリッと焼いたバタートーストに、目玉焼きをON！黒ごまで目を、ひじきを2つ使って口をつければ、忙しい朝でもできるシンプルな顔パンに。

ジャムデコオープンサンド

イングリッシュマフィンにクリームチーズを塗り、ジャムやチョコペンでかわいくお絵かき。ブルーベリーとミントを組み合わせれば、何とぶどうができちゃう！

ミモザさん

3月8日のミモザの日（国際女性デー）にちなんでつくったトースト。ゆで卵を横半分に切り、黄身を出して白身の半分をトーストの上に。ベビーリーフを散らしてお顔つけをしたら、ミモザに見立てた細かくくずした黄身を散らして完成！うずら卵はそのまま使う。食べて楽しむミモザの日のスタートに。

ハムエッグパン

食パンにスライスチーズ、ハム、目玉焼きを重ねて、目と口は黒ごまをポチッ。ケチャップをポンポンと絞って、赤いほっぺに。

ウェーブトースト

小さめのスプーンでチョコクリームを端から波状に塗り、ウェーブトーストに。立体感が出るようにクリームは厚めに塗るのがコツ。白、黒、赤のチョコペンで目と鼻をつけたら、くるみで頭を表現。さて、何ができたでしょう?!トナカイ!?

あんバタパン

トーストした食パンにあんこを塗り、バターやチーズで鼻をつけ、チョコペンで目と口をつけてスマイル！

27

5つ星ホテルのシェフ直伝！

ホテルの朝食風の目玉焼きを焼くコツ

以前、とあるホテルの朝食でいただいた目玉焼きがびっくりするほどおいしくて、
コツを教えてもらった焼き方がコレ。余分な水分を捨てることで、ごく普通の卵がぷるんと
きれいに焼けるのでぜひお試しを〜♪

フライパンにサラダ油をひ
いたら、塩少々を振り入れ、
中火で加熱する。これで味
がつき、白身がぷりっとき
れいに焼ける！

卵をそろっと入れて……。

ボールなどの受け皿を下に置
き、ざるにそっと卵を割り入
れる。少し経つと水分がぽた
ぽたたれてくるので、20〜
30秒間待つ。水分がきれたら、
器などに卵を移しておく。

ふたをして、好
みの固さになる
まで焼く。この
とき、水は入れ
ないのがコツ。

完成〜！

シェフ曰く、余分な水分をきると白身がしまり、
きれいな形に焼けて味も濃厚になるんだとか。
ひと味違う顔ごはんになるので、だまされたと
思ってやってみて〜！

食べものへの
集中力UP!

動物しゅうまい

たこ焼き器の丸い形を利用して簡単につくる焼きしゅうまいに、豚＆ひよこのお顔つけ！
ごま油で皮がパリッと焼けて、おいしさもバッチリ。大人数が集まる日にもぴったりです。

材料（35 個分）

しゅうまいの皮…35 枚

A｜
豚ひき肉…200 g（酒大さじ1をふって混ぜる）
玉ねぎのみじん切り…1/4 個分
酒・ごま油…各大さじ1
しょうがのみじん切り…小さじ1
鶏ガラスープの素・砂糖…各小さじ 1/2

B｜
鶏ひき肉…200 g（酒大さじ1をふって混ぜる）
玉ねぎのみじん切り…1/4 個分
酒・ごま油…各大さじ1
しょうがのみじん切り…小さじ1
鶏ガラスープの素・砂糖…各小さじ 1/2

魚肉ソーセージ…1本
コーン…34 粒
ごま油・黒ごま…各適量

つくり方

1 A と B を別々のポリ袋に入れて、それぞれしっかり混ぜる。ポリ袋の底辺の角を1つ1cmほど切り落とす。

2 魚肉ソーセージを薄く 18 枚切って、ストローでくり抜き豚の鼻をつくる。くり抜いた部分は、耳にする。

3 たこ焼き器にごま油を塗り、しゅうまいの皮を敷いて 1 を等分に絞り入れる。A の肉だねには 2 と黒ごまで顔をつけ、B の肉だねにはコーンと黒ごまで顔をつけてふたをする。

4 たこ焼き器を中温で熱して、焼き色がつくまで3分ほど加熱する。水を大さじ2くらい回しかけて、火が通るまで加熱する。
※鶏ひき肉を使った B の肉だねには、柚子の皮や梅干し、青じそを刻んで入れてもおいしい。

※たこ焼き器の数に合わせて、材料を用意してくださいね。

ポリ袋に入れた肉だねを、大さじ1くらいずつ絞る。

魚肉ソーセージをくり抜いた鼻と耳をピンセットでつける。

黒ごまで目をつける。

焼き肉ライス

某ステーキ専門店の人気メニュー風の焼き肉ライスに、くまをかたどったバターを刺すだけ！
おいしさもかわいさも 200％増しで、もりもりテンションが上がります。

材料（3 〜 4 人分）

牛こま切れ肉…300〜400 g
ご飯…茶碗 4 杯分
A　酒・しょうゆ…各大さじ 1
　　チューブにんにく…4〜5 ㎝
コーン…1/2 カップ
万能ねぎの小口切り…適量
サラダ油…小さじ 2
バター・黒ごま・粗びきこしょう・
好みの焼き肉のたれ・塩・こしょう…各適量

くまのスタンプ型は、
お友だち @tomscookies さん
のハンドメイド！

つくり方

1　ポリ袋に牛肉、A を入れて軽くもみ混ぜる。
2　冷やしておいたバターは 5 ㎜厚さに切り、好みのクッキー型などで
　　型抜きする。動物の型で型抜きしたバターには、黒ごまで顔をつ
　　けて、使うまで冷蔵庫で冷やしておく。
3　ホットプレートにサラダ油をひき、中央にご飯をドーム状にのせて
　　粗びきこしょうをふる。
4　ご飯の周りに 1 の牛肉をのせ、焼き肉のたれを大さじ 5〜6、回
　　しかける。ご飯の上にコーン、万能ねぎを散らして 2 を添える。
5　ホットプレートを中温で熱して、牛肉を焼きながらご飯と炒め合わ
　　せる。塩、こしょう、焼き肉のたれで味を調えながら食べる。

冷蔵庫で冷やしておいたバターを、く
まや星形の型で抜く。

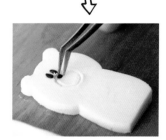

黒ごまで鼻と目をつけて、くまの顔を
つくる。

くまは溶けて
いなくなりました！

ちくわ＆ソーセージの 切り方レッスン

おかずが何かたりないな、お弁当に彩りがほしいな、そんなときはちくわ＆ソーセージの出番です。
ちょこっと切り込みを入れてお顔をつけるだけで、子どもの食欲がグーンとアップ！

ちくわの長さを半分に切り、白い部分にナイフで垂直に切り込みを入れる。切り込みは少し深く入れて、空洞の部分まで切る。

切り込みに対して、右斜め45度くらいから切り込みを入れて切り取る。

スプラウトを刺して、黒ごまで目を、ケチャップでほおを赤くおめかししてできあがり！

ちくわ星人

完成！

スプラウトのかわりに、ゆでたオクラやしめじを刺してもかわいい！

1

縦半分に切ったソーセージに、長さの 1/3 くらいまで縦に切り込みを 4〜5 本入れる。

2

左右に V 字の切り込みを入れて、手をつくる。

たこさんソーセージ

3

口をつくる。上から 1/3 くらいのところに、横に浅く垂直に切り込みを入れる。

4

3 で入れた切り込みに対して、右斜め 45 度くらいから切り込みを入れて切り取る。ゆでるか炒めたら、最後に黒ごまで目をつける。

かにさん ソーセージ

1

縦半分に切ったソーセージに、両側から長さの 1/3 くらいずつまで切り込みを入れる。

2

口に浅く ×の形の切り込みを入れてゆでるか炒めて、最後に黒ごまで目をつける。

完食まちがいなし！ 子どもの好きな

ふだんのカレー＆肉おかず

アボカドカレー

種を取ったアボカドに、卵黄をポトッと落とした鼻デカ猫さん。
ゆでたオクラの薄切りで耳を、糸唐辛子でひげと口を表現。
アボカド、卵黄、カレーを混ぜながら、さぁいただきます！

材料（2人分）

豚こま切れ肉…150ｇ
じゃがいも…1個
玉ねぎ…1/2個
にんじん…1/4本
しめじ…1/2袋
水…250〜300㎖
カレールウ（甘口）…2皿分
ウスターソース…大さじ1
温かいご飯…茶碗2杯分
アボカド…1個
卵黄…2個分　サラダ油…小さじ1
黒ごま・糸唐辛子・ゆでたオクラ・
ミニトマト・福神漬け…各適量

ピンとしたひげが
チャームポイントだよ！

つくり方

1　豚肉、じゃがいも、玉ねぎ、にんじんはひと
　　口大に切る。

2　鍋にサラダ油を中火で熱して、1を炒める。
　　水を加えて煮立て、アクをすくいながら弱火
　　で10〜15分煮る。

3　カレールウ、ウスターソース、ほぐしたしめじ
　　を加える。ときどき混ぜながら10〜15分煮る。

4　器にご飯とカレーを盛り、アボカドと卵黄をの
　　せる。黒ごまで目をつけ、糸唐辛子で口とひ
　　げをつける。オクラを小さく切って耳をつけ、
　　あればミニトマトと福神漬けを添える。

※我が家は全員カレーは甘めが好きなため、甘口のル
ウを使い、ウスターソースで味を引きしめています。
お好みで中辛や辛口のルウをお使いください。

36

も〜も〜ドライカレー

野菜たっぷりのドライカレーの真ん中に、牛をかたどったご飯を盛って子どもウケ間違いなし！　牛のかわいさとカレーに惹かれて、苦手な野菜もぺろりと食べられそうです。

材料（2人分）

鶏ひき肉…150 g
酒…大さじ1
セロリ・にんじん…各 1/4 本
玉ねぎ…1/4 個
温かいご飯…茶碗2杯分
サラダ油・しょうゆ…各小さじ1
カレー粉…大さじ 1/2 〜 1
はちみつ…大さじ1
塩・こしょう…各少々
ウスターソース…大さじ2
焼きのり・黒ごま…各適量
魚肉ソーセージの薄切り…2枚

つくり方

1　ひき肉に酒をふって混ぜる。

2　セロリは5〜6㎜幅に切り、にんじんは1㎝角に切る。玉ねぎはみじん切りにする。

3　鍋にサラダ油を中火で熱して、1 と 2 を2〜3分炒めて塩、こしょうをふる。さらに1〜2分炒めてカレー粉の半量をふり、なじんだらしょうゆを加えて混ぜる。残りのカレー粉を加えてさっと混ぜ、ウスターソース、はちみつを加えて炒め合わせる。

4　器に、牛をかたどってご飯を盛り、焼きのりをちぎって模様をつける。

5　魚肉ソーセージと黒ごまで鼻をつけ、黒ごまで目をつける。周りにカレーを盛る。

※ 3 でケチャップを大さじ1ほど加えると、タコライス風に。

スマイル牛丼

忙しいときに速攻でつくれて、白飯がわしわしすすむお助け牛丼。
つるんとした卵黄に、万能ねぎ、黒ごま、糸唐辛子でお顔をつけ
れば、みーんな笑顔になれるスマイル丼です。

冷蔵庫で常備菜の
仲間入り。残ったら、
冷凍保存もできるよ！

材料（2人分）

牛こま切れ肉…200 g
酒…大さじ1
玉ねぎ…1/2 個

A しょうゆ・みりん・
ざらめ糖…各大さじ1

温かいご飯…茶碗2杯分
卵黄…2個分
サラダ油…小さじ1
万能ねぎの小口切り・黒ごま・
糸唐辛子…各適量

つくり方

1 玉ねぎは薄切りにする。牛肉は
　食べやすく切り、酒をふって混ぜ
　る。

2 フライパンにサラダ油を中火で熱
　し、1を炒める。火が通ったら、
　Aを回し入れて1〜2分炒め合わ
　せる。

3 器にご飯を盛って2をのせ、万
　能ねぎを散らして真ん中に卵黄
　をのせる。卵黄に、万能ねぎで
　鼻を、黒ごまで目を、糸唐辛子
　で口をつける。

※甘みとして、味に深みを出すざらめ
糖を使っています。ない場合は、はち
みつを使うとおいしい。

材料（2人分）

スパゲッティ…160 g
合いびき肉…200 g
玉ねぎ…1/2 個

A 　酒…大さじ1
　　にんにくのみじん切り…小さじ1

B 　トマト水煮缶…1缶（400 g）
　　ケチャップ・中濃ソース…各大さじ2
　　ローリエ（あれば）…1枚
　　塩・こしょう…各少々

温泉卵…2個
オリーブ油…大さじ1
黒ごま・コーン…各適量
エディブルフラワー…適宜

つくり方

1　玉ねぎはみじん切りにする。ひき肉、
　　A を混ぜる。

2　鍋にオリーブ油を中火で熱し、1 を
　　2〜3分炒める。B を加えて 10 分
　　ほど煮る。

3　スパゲッティは、表示の時間通りゆ
　　でて湯をきる。2 と和えて器に盛り、
　　鍋に残ったミートソースをのせる。

4　3 に温泉卵をのせ、黒ごまで目を、
　　コーンで口をつける。あればエディ
　　ブルフラワーを添えて、トサカに見
　　立てる。

※ミートソースは多めにできます。残った
ら、グラタンやトースト（P.26 参照）に
お使いください。

ぴよぴよミートソース

ひき肉とトマト缶を煮込んだ甘酸っぱいミートソースの
真ん中に、白くてやわらかい温泉卵をポトリ。コーンと
黒ごまでお顔をつければ、レストランにも負けないキッ
ズメニューのできあがり！

40

息子と仲良しの
お兄ちゃんが
描いてくれた絵だよ!

お絵かき春巻き

一見むずかしそうですが、やってみると結構簡単なお絵かき春巻き。こんがり揚がった春巻きの色と長さを生かそうとダックスフンドを描きましたが、お好みの絵を描いてくださいね！

材料は
コレ！

材料（2人分）

春巻きの皮…6枚
鶏ひき肉…150 g
しめじ…1/3 袋
玉ねぎ…1/4 個

A | 梅肉…大さじ1
| しょうゆ・酒・しょうがのみじん切り・ごま油…各小さじ1
| 塩・こしょう…各少々

B | 水…小さじ2
| 片栗粉…小さじ1

C | ブラックココア…小さじ1
| 水…数滴

D | 薄力粉・水…各小さじ1

サラダ油・青じそ・揚げ油・リーフレタス・ミニトマト・
スライスチーズ…各適量

つくり方

1 しめじと玉ねぎはみじん切りにする。

2 フライパンにサラダ油を中火で熱し、ひき肉、1 を炒めて A で味を調える。B を混ぜて加えて炒め合わせ、肉だねをまとめる。

3 春巻きの皮に、よく混ぜた C で楊枝などを使って好きな絵を描く（**a**〜**c**）。青じそと肉だねを等分にのせて端から巻き、巻き終わりはよく混ぜた D で留める。

4 揚げ油を中温に熱して、3 をカリッと揚げる。リーフレタス、ミニトマトと盛り合わせ、型抜きしたスライスチーズを添える。

※具にしっかり味がついているので、そのままでもおいしい。お弁当にもおすすめ。

白い紙に、鉛筆などで描きたい絵や文字を下書きする。下絵の上にラップをのせる。

春巻きの皮を重ねて、水で溶いたココアで下絵をなぞる。

描いた絵が乾いたら、肉だねを包んで揚げる。

41

ふだんのごはんは

卵 で
キマリ！

つやっとした卵黄とてかっとした白身。ビジュアル good で、栄養もばっちりな卵は、顔ごはんには欠かせないスーパースター。いつものご飯やおかずにのせてちょこっとお顔をつけて、とびきりのひと皿にしちゃいましょう！

見ているだけで Happyに！

器にご飯を平らに盛り、細かく刻んだしば漬けを丸くのせる。真ん中に卵黄を落とし、黒ごまと糸唐辛子でお顔をつけて、にっこにこ。

42

ぴょぴょ〜

いろんなふりかけと合わせてみよう!

器にご飯を盛り、好みのふりかけをふり、真ん中を軽くくぼませて卵黄を落とす。黒ごまで目をつけ、口の部分にコーンを置いてぴよぴよ。

| TKG

卵と黒ごまでみーんなスマイル!

卵かけご飯

キリリ!

いざ、鬼ヶ島へ!

器にご飯を平らに盛り、上のほうに納豆と小さな三角形に切ったかに風味かまぼこをのせる。真ん中に卵黄を落として鼻をつけ、黒ごまで目を、細長〜く切った焼きのりで口をつける。

目玉焼きをトッピングして

鼻デカ さんに

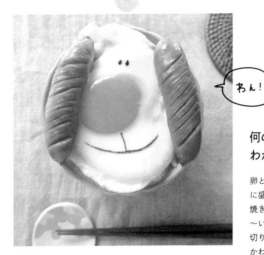

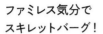

わん！

だれに似てるかな？

定番のロコモコも、黒ごまと焼きのりでお顔をつけるだけでかわいさ倍増。ケチャップやソースをかけて、召し上がれ！

何の犬か
わかるかな〜？

卵とソーセージを同時に焼き、器に盛ったご飯にON！　黒ごまと焼きのりでお顔をつけたら耳の長〜いわんちゃんに。ソーセージの切り目は、細かく浅く入れるのがかわいく見せるコツ。

ファミレス気分で
スキレットバーグ！

子どもの好きな煮込みハンバーグに、目玉焼きをトッピング。黒ごまとひじきでお顔をつけたら、ほっぺにケチャップをひと絞り。おすまし顔の親子のできあがり〜。

端っこに寄せた口が
チャームポイント

ピラフに目玉焼きをのせ、黒ごまとひじきで目をつけ、短いひじきをつけておちょぼ口に。口を端に寄せるだけで、くすっと笑顔の顔ごはんに。

ミニトマトがリボンみたいでしょ

ゆで卵を横半分に切って黒ごま
で目を、コーンで口をつけたひ
よこさん。えび、ミニトマト、
ピーマンを炒めてのせ、地中海
風塩ラーメンに。

髪は何とのりのつくだ煮！

ご飯にごま油としょうゆをふり、
ねぎとろ、角切りのアボカドをの
せて温泉卵をトッピング。のりの
つくだ煮で髪を、黒ごまで目を、
焼きのりで鼻と口をつけたらかわ
いいお姉さんが「ALOHA！」。我
が家の定番、通称「ハワイアン」
の完成。

仲良し味玉兄弟

ゆで卵に味をつけた味玉を半分に切っ
て、黒ごまと焼きのりでお顔つけ。目
と口のバランスをくずすことで、
くすっと笑える愛嬌ある表情に。

苦手なものも食べられちゃう！

わくわく
顔
弁当

お弁当
バリエーション

鼻デカさん弁当

明太子をのせた鼻デカさんおにぎりを中心に、子どもの好きなおかずを詰めて。おにぎりは、子どもが食べやすいサイズににぎりましょう。

ピーマンの肉詰め

材料（1人分）

ピーマン…1個

A
| 合びき肉…80 g |
| 玉ねぎのみじん切り…大さじ1 |
| しょうゆ・塩・こしょう…各少々 |

片栗粉・サラダ油・ソース（お好み焼き用）・白ごま…各適量

つくり方

1　ピーマンは縦半分に切って種を取り、内側に片栗粉を軽くふる。

2　A をよく混ぜて 1 に等分に詰める。

3　フライパンにサラダ油を中火で熱して 2 を並べ入れる。焼き色がついたら、水を少し入れて蒸し焼きにする。表面にソースを塗って白ごまをふる。

上手なお弁当の詰め方

主食を詰める

まずは、おにぎりを詰めて明太子で鼻をつける。いちばんスペースを占めるものから入れると、おさまりがよい。また、最初に鼻をつけることで、おかずと色のバランスをとりやすい。

おかずを詰める

おかずの中でもメインとなる、大きなものから順に詰める。肉など地味な色のおかずの隣には、明るい色のおかずを置くと good。

顔を仕上げる

ミニトマトなどのあしらいを詰めたら、最後に目と口をつけて完成！
※季節のピックで四季を楽しもう。

牛丼弁当

お父さんも喜びそうな、がっつり食べ応えのある牛丼弁当。
主役は、お顔がついたゆで卵。真ん中にドーンと入れれば、今日も一日がんばれそう!

牛肉の甘辛煮

材料（1人分）

牛こま切れ肉…100 g
長ねぎ…1/2 本
しいたけ…1 〜 2 枚

A | 水…100㎖
  | しょうゆ…大さじ2
  | みりん・酒・ざらめ糖…各大さじ1と1/2

ざらめが
ポイント！

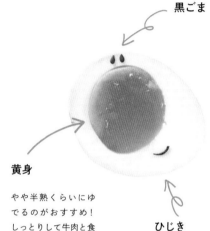

黒ごま

黄身

やや半熟くらいにゆ
でるのがおすすめ!
しっとりして牛肉と食
べるとおいしいよ。

ひじき

ちょっと端につけ
るとかわいい。

つくり方

1　長ねぎは斜め1㎝幅に切り、牛肉は食べやす
　　く切る。しいたけは表面に浅く切り込みを入
　　れる。

2　鍋に A を入れて中火で煮立て、1 を入れてと
　　きどき混ぜながら3〜4分煮て火を通す。

　※冷蔵庫で3〜4日日持ちするので、我が家では多め
　につくって常備菜にしています。
　※にんじんは花形に切り、
　別に塩ゆでして添えます。

丼なら、生卵でも
ゆで卵でも!
(P.38より)

猫ちゃん弁当

くるっと丸くなるのが大好きな猫が、お弁当箱に入っちゃった！
ハートの形の卵焼きを添えたら、何だか2匹でうれしそう。

ハートの卵焼き

材料（1人分）

A |卵…2個
　|砂糖…大さじ2
　|マヨネーズ…大さじ1
サラダ油…適量

つくり方

1　フライパンにサラダ油を中火で熱し、よく混ぜた **A** を3〜4回に分けて流し入れて厚焼き卵をつくる。

2　1が熱いうちに、楊枝_{よう}など細いものを軽く押しつけ、30秒ほどそのままにする（ⓐ、ⓑ）。

3　粗熱をとり、ラップで包み、冷蔵庫でひと晩休ませる。ハートの形に整ったら食べやすい厚さに切る（ⓒ）。

卵焼き器の隅に、ハートのとがった部分を押しつけるように形を整えるときれいに仕上がる。

厚焼き卵の真ん中のくぼみに楊枝など細いものをキュッと押しつけ、そのまま形をつくる。

2〜3日日持ちするので、常備菜にもおすすめ。
※みけ猫おにぎりのつくり方は、P.24参照。

100均で見つけた！

便利なお弁当グッズ

顔弁当をつくって4年になるぺろりが、「使える！」とリアルに感じた
お弁当グッズを教えちゃいます。便利でかわいいグッズをそろえて、
顔弁当づくりをもっともっと楽しんじゃおう！

紙製ランチボックス

食べた後はコンパクトにつぶせ
て荷物が減らせ、持ち帰りやす
くラク。高さがあるので、ケー
キやマフィンも入るよ♪

プラ製ランチ
ボックス

モノトーンのシンプルさに
惹かれて、いろんなサイズ
を購入。100円とは思え
ない使い勝手の良さに感
動！ ラインナップはすぐ
に入れかわるので、小まめ
にチェック。

調味料ケース

ソースやケチャップを小分けに
して持って行くときにマスト。
おかずの汁もれや、味移りを防
ぎ、顔弁当のおいしさをキープ
します。

プラ製フードパック

おにぎりとおかずを詰める
のにぴったりな、細身の
フードパック。デリでテイ
クアウトしたみたいに、か
わいい！

プラ製フードパック

軽くて持ち運びがラク。顔弁当
を引き立てる、シンプルなデザ
インのものがおすすめ。中身が
見えるので、サンドイッチにも
◎。

ワックスペーパー

おにぎりやパンの下に敷く
とボリュームも出て、見た
目もかわいい。季節のプリ
ントも多いので、いろんな
種類を集めて華やかに。

紙製おかずカップ

汁気があるおかずを入れるとき
の必需品。おかず同士の味移り
を防ぎ、どんなおかずとも合う
シンプルさがお気に入り。

New Year

定番のお雑煮や鏡餅をかたどったおにぎりにお顔をつけて、かわいさ＆おめでたさをもりもりに。大人シックなお正月の食事も、子どもが喜ぶハレの日ごはんに変身です。

ひょうたんと菊の型抜きがオススメ！

大根やにんじんは型抜きすると、かわいい！

も〜も〜雑煮

切り餅をグリルなどで軽く焼き、焼き目を下にして黒ごまとハムで鼻、目をつけて、ちぎった焼きのりで模様をつける。温めたお雑煮の汁をかけて、「も〜できたよ！」

明けましておめでとう〜

おにぎり鏡餅

塩おにぎりを大中1つずつにぎって重ね、耳用も小さく2つにぎってくっつける。黒豆で鼻を、ひじきで目、口、ひげをつけて、頭に青じそをのせて明太子をちょん！ 毎年その年の干支でつくってね！

節分

楽しいことがやってきて、悪いことが出ていくように願う節分。今年は、いたずら小僧みたいなお顔をつけた小鬼をパクッと食べて、家族みんなで鬼退治！

とびっこご飯

平たくにぎったおにぎりにとびっこをのせ、ゆでたオクラで鼻を、黒ごまで目を、焼きのりで口をつける。髪を整えたら、厚焼き卵と焼きのりでツノをつけて小鬼くんの登場！

鬼のパンツ

卵焼きを1cm厚さに切り、パンツの形に整えて、股の部分を切り取る。焼きのりを細い三角形に切ってランダムに貼り、パンツの柄に。

Children's Day

子どもの健やかな成長を祝う子どもの日には、すいすい泳ぐ鯉にお顔をつけて元気いっぱいなひと皿を。大人が目やうろこなどのパーツを切り、子どもにつけさせても楽しい!

スパム® おにぎり

スパムは1cm厚さに切り、尾の部分をV字に切り取ってフライパンで照り焼きに。スパムの大きさに合わせてつくったおにぎりにふりかけをふり、薄焼き卵、焼いたスパムを順に重ねる。細長く切った焼きのりを巻き、ストローでくり抜いたスライスチーズ、焼きのりで目をつける。最後にスライスチーズでつくったうろこをつけて、完成!

POINT

ストローの丸形をずらして型抜きすると、うろこになる!

白くまさん柏餅

柏餅の葉をそっとはがし、目立たない部分の餅を少しちぎる。

再び柏の葉で餅を包み、ちぎった餅を丸めて手と耳をつける。餅にストローを押しつけて鼻の周りをつくり、黒ごまを鼻と目につけたら白くまさんのできあがり♪

56

EVENT

泳げお魚くん！

にぎり寿司を魚に見立てて、まぐろ
と卵焼きの片端をＶ字に切り取って
尾をつくる。スライスチーズ、焼きの
り、黒ごまで目やうろこをつける。

すーぃ、すぃ

市販のにぎり寿司で
手軽につくれるよ〜

スーパーの刺し身は、
水で洗うと驚くほど
おいしくなるよ！

お魚ちらし寿司

器に寿司飯を盛り、尾をＶ字に切り
取って魚に見立てた刺し身をのせる。
スライスチーズ、焼きのり、黒ごまで
顔をつけて、サイコロ状に切った刺し
身と卵焼き、いくらを散らす。

Summer

暑〜い夏は、大人も子どもも疲れる！　暑くて面倒なことはできないけれど、ふだんのごはんやおやつにお顔をちょいづけしてみーんな元気になっちゃおう！

クリームソーダ

かき氷用のブルーハワイシロップを炭酸水で割り、バニラアイスクリームを浮かべてチョコペンで目をポチッ。ほっこりおうちでカフェ気分。

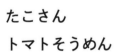

ぶくぶく〜

たこさん
トマトそうめん

湯むきしてめんつゆ（3倍濃縮タイプ）に2〜3時間漬けたミディトマトを、ゆでたそうめんに2つのせる。ストローでくり抜いたスライスチーズで鼻をつける。目は、鼻でくり抜いたスライスチーズと黒ごまでつけて、仲良したこさんの完成！

足は、『かに風味かまぼこ』だよ！

58

とうもろこしの親子

ゆでたてのとうもろこしの皮を1～2枚むき、スライスチーズと焼きのりと糸唐辛子、小さなあられでお顔をつけて、にっこり顔に。顔の長～いとうもろこしの親子に、思わずうふふ。

ぎょろり

うなぎツインズ

うなぎのかば焼きに、スライスチーズと焼きのりで目、口、尾をつけてうな丼に。1匹ずつ黒目の向きをかえると、表情に動きが出る。おちゃめなお顔に、夏バテもふき飛びそう！

すいか坊や

すいかを切ったら種が鼻に見えたので、黒ごまで目と口をプラス。あんまり簡単で、すいかもビックリ顔に。

Halloween

ハロウィンパーティーのお楽しみは、ガイコツやおばけに
扮したおやつを食べること。市販のお菓子やパイ生地を、
コワーイ顔にしてみんなで盛り上がろう!

お好みのドーナツに、チョコペン(白・黒)で目をつけるだけ! 丸い穴が、まるで口をあんぐり開けているように見えるでしょ?

あんぐり ドーナツ

おばけマシュマロ

マシュマロにチョコペン(白・黒)で目と口を描いて、ふわふわのおばけちゃんに。口もとは、あえて不ぞろいにするとかわいい。

ミイラパイ

材料（5個分）

冷凍パイシート（15 × 24cmのもの）…1枚
（室温に 10 〜 20 分置く）
ソーセージ…5本
焼きのり・卵黄・スライスチーズ…各適量

つくり方

1 パイシートは縦に 5mm 幅に細長く切る。
   焼きのりは 5 × 4cm 大に 5 枚切る。
2 ソーセージに焼きのりを巻き、パイシー
   トを端からくるくる巻きつける。このと
   き、顔になる部分はパイシートは巻かず
   に空けておく。
3 パイシートの表面に卵黄をハケで塗り、
   オーブン用シートを敷いた天板に間隔を
   あけて並べる。
4 200℃に予熱したオーブンで 20 〜 30
   分焼き、粗熱をとる。
5 スライスチーズと焼きのりで目をつける。

足先の部分を残して焼きのりを巻き、細く切ったパイシートを頭から巻く。

顔になる部分は空けて、パイシートを 2 〜 3 本ずつきっちり巻く。

ガイコツはんぺん

さっと焼いたはんぺんに、焼きのりや黒ごまでお顔をつける。そのままパクッ！

ハロー

お弁当用のミニはんぺんを使うよ！

がい骨の口を表現するとき、縦のラインはランダムにするのがゆるかわにするコツ。

Christmas

待ちに待ったクリスマスは、 1年に1度のスペシャルデー。
子どもと一緒に、おにぎりやイングリッシュマフィンにちまっ
とお顔をつけて、聖夜をお祝いしよう!

サンタおにぎり

塩おにぎりを大小いくつかにぎり、黒ごまや小さな
あられでお顔をつける。スライスチーズを型抜きし
て、ひげと帽子の縁をつくってサンタクロースに。
帽子とボディは、ソーセージでつくるよ!

ソーセージをボディ用と帽子
用に切る。

ラップにだしご飯を大さじ2
くらいのせて、長い方のソー
セージをご飯に埋め込む。

型抜きしたスライスチーズと
短いソーセージで帽子をつけ
る。

もう1枚のスライスチーズで
ひげをつける。

トナカイさん

イングリッシュマフィンにあんこを塗り、チョコペン（白・茶）で目を、チョコペン（白）で口をつける。ごろっとしたいちごジャムを鼻にして、耳は何とプレッツェル！

クリスマスの
オープン
サンド

サンタさん

クリームチーズのひげと髪に、いちごジャムの帽子をかぶったサンタクロース。目はクリームチーズとチョコペン（黒）で、鼻はジャムでつけたら、最後に星の形のクッキーを添えて完成！

クリスマスツリー

皮をむき、種を取ったアボカド1/2個は横に5mm厚さに切る。このとき、一方の端は2cmほど切らずに残し、口の部分を切り取る。少しずつずらしてイングリッシュマフィンにのせ、マヨネーズと小さなあられでツリーの飾りをつける。クリームチーズ、水で溶いたブラックココアで目をつけて、陽気なクリスマスツリーに！

Anniversary

子どもの誕生日をはじめ大切な記念日には、甘酸っぱくて真っ赤ないちごがなくっちゃ！ 市販のケーキや簡単タルトに、お顔をちょいづけしたいちごを飾って、家族みんなでお祝いしましょう！

市販のいちごのデコレーションケーキに、いちごをたくさんのせたその名も「いちご合唱団」。微妙な口の切り取り方で、いろんな表情になるよ！

シンプルなカステラやスポンジも華やかに！

つくり方はP.78 参照

カステラやタルトなど、いろんなものにいちご合唱団をのせちゃおう。いつものお菓子が、とっておきの日の思い出になるトキメキのスイーツに変身！

いちご合唱団

切れ味抜群のペティナイフは、
庖丁工房タダフサのものを愛用中！

Infomation ▶▶▶ https://www.tadafusa.com/

いちごにナイフで垂
直に 2 ～ 3 ㎜切り込
みを入れる。

垂直に入れた切り込
みに対して、右斜め
45 度くらいから切
り込みを入れて口を
切り取る。

チョコペン（白）で
白目を 2 つつける。

チョコペン（茶）で
黒目をつける。チョ
コペンはお好みの色
をお使いください。

市販のバナナオムレットにいちご合唱団
をのせて、仲良く 3 本キャンドルを灯し
サプライズバースデー！

チョコレートをコーティングした市販の
パイに、チョコペンで目とメッセージを
描きケーキに添えて。シンプルなお顔つ
けで、母の日や父の日におすすめ！

プレゼントに欠かせない！

プチプラグッズ

お顔をつけてかわいくデコしたおやつのおすそ分けには、プチプラグッズがとっても便利！
100均とは思えないデザインやバリエーションなので、お店に行くたびにチェックしています。

ギフトボックス

丸い形がかわいい木製の
ギフトボックス。ワック
スペーパーを敷いて、クッ
キーや小さなタルトを入
れるのにぴったり。

ギフトバッグ

かわいくお顔をつけた
おやつは、渡す紙袋に
もこだわりたい。高級
感あふれるデザイン
は、100均とは思えな
いほどハイレベル。

ギフト袋

食品を直接入れられるギフト袋
なら、お顔をつけたスイーツを
そのままインできる！ パティ
スリーで買ったみたいなかわい
いラッピングになります。

ペーパークッション

くしゅくしゅっと丸めて、
ギフトボックスや袋に入れ
て。お顔をつけたおやつを
保護する優れモノで、持ち
歩きも安心です。

ステッカー

ギフトボックスやギフト
バッグに貼って、ちょっと
したアクセントに。メッ
セージがプリントされたも
のなどいろんなタイプがあ
り、リボンと組み合わせて
使ってもかわいい！

ギフトボックス

洗練されたデザインのギフ
トボックスも、何と100円！
形がくずれやすいお顔つき
のスイーツを入れるときに
おすすめ。

66

KAO OYATSU

顔
おやつ

市販のお菓子も
ちょいデコ

市販のお菓子に顔をつけて、ちょいデコ!

お店で買えるお菓子を、もっとうきうきわくわくして食べたいな! そう思ったら、まずは、直感で目を描いてみるところからスタート! 家族で食べてもいいし、お友だちにプレゼントしても喜ばれそう。

うきうきドーナツ

大人も子どももみーんな大好きなドーナツ。買ったら、迷わずお顔つけ! まぁるい穴を口に見立てれば、あとは目をつけるだけ。驚いたり、笑ったり……。いろんな表情で、Happyに!

3色のチョコペンで目と鼻を描くだけ!

チョコペンについて

白、黒、茶、ピンクなどいろいろな色があり、ちょこっとお絵かきしたいときにおすすめ。お湯で温めずに使えるタイプは固まるのに少し時間がかかるので、すぐに固めたいときは湯せんタイプをチョイス。

鮮やかなブルーに負けないくらい、びっくり顔にしちゃおう!

68

チョコペン(白)で白目を描き、乾いたらチョコペン(黒)で黒目を描く。

もう1つの黒目も描いてできあがり!

チョコペン（白・茶）で目と
口を描くだけ。みんなでいろ
んなお顔をつくってみてね！

のほほんクッキー

お気に入りのクッキーにチョ
コペンやアイシングでお顔を
描くだけで、オリジナルクッ
キーに。ペンタイプの便利な
アイシングもあるので、思い
立ったらいつでも気軽にお顔
をつけちゃおう！

アイシングペンが便利！

卵白と粉砂糖を混ぜてつくるの
が面倒なアイシングは、市販の
アイシングペンを使うとラク。
お湯で温めるだけで使えるタイ
プが、100均などで買える。

2色のアイシングで
ハロウィンの絵柄を
お絵かき。アイシング
は固まりやすいの
で、楊枝を使って手
早く作業するのがコ
ツ。

チューリップ姫

ちょっと背の高い容器に入ったプリ
ンに、ホイップクリームをギュッとひ
と絞り。切り込みを入れたいちごを
のせてチョコペン（白・黒）でお顔
をつけたら、チューリップのお姫さ
まがやってきた。

セカリ込み！

\ガオーッ/

ぎょろ目のシュークリーム

たっぷり入ったクリームが、大
笑いした口に見えたので、チョ
コペン（白・茶）で目玉をギョ
ロリ。シガーチョコレートを刺
して、くすっと笑える手を表現。

甘いよ〜

鼻デカさん大福

大福の真ん中に、いちごを
ポン。黒ごまで目をつけたら、
最後にはさみで口をチョッキ
ン。いろんなお顔の鼻デカさ
ん大福がやってきたゾ〜。

バナナの両端では帽子が1つ足りないので、小さな角切りにしたバナナを1つのせて。

La La La〜

バナナおじさん

バナナは両端を1.5cm厚さに切り、真ん中あたりの太い部分を薄く切ったものと合わせて帽子にする。残りは3〜4cm長さに3個切り、チョコペン（白・黒）でお顔をつける。バナナおじさんがひょっこり出現！

ライオンマドレーヌ

カップのギザギザが、まるでたてがみみたい！ということで、チョコペン（白・黒）でお顔を描いてライオンに。ライオンみたいな焼き色もナイス！

とらとら焼き

とらの縞模様に似せた焼き目をつけたとら焼きに、チョコペン（白・茶）でとらのお顔をお絵かき。かわいいお顔のとらができた〜!!

てへっ

シナモンロール

大好きなシナモンロールに、チョコペン（白・茶）でお顔をつけたら、食べるのがもったいないくらいにこにこ顔に。

71

おからや全粒粉入りでヘルシー！

手づくりクッキー

にこにこクッキー

 「さて問題です。僕たちのお顔、どうやってつけたかわかるかな？」

「みーんな似てるけど、少しずつ違うお顔だからよーく見てみてね！」

材料（プレーン＆かぼちゃ各20〜25枚分）

薄力粉…50 g
おからパウダー…30 g
甘酒…80 g
太白ごま油…大さじ2
きび砂糖…10 g
冷凍かぼちゃ…1切れ

つくり方

1 かぼちゃはラップで包み、電子レンジで1分加熱して皮をむいてつぶす。

2 ボウルに甘酒、太白ごま油、きび砂糖を入れて、泡立て器で混ぜる。薄力粉とおからパウダーをふるい入れて、粉っぽさがなくなるまでゴムべらで混ぜる。

3 2 の半量に、1 のかぼちゃを加えて滑らかになるまで混ぜる。ひとまとめにしてラップで包み、冷蔵庫で2〜3時間休ませる。残りの生地も同様にして休ませる。

4 3 の生地をそれぞれラップから出して、めん棒で3〜4mm厚さにのばす。ナイフで3〜4cm角に切り、楊枝とストローで顔をつくる（ⓐ、ⓑ）。オーブン用シートを敷いた天板に間隔を空けて並べる。

5 170℃に予熱したオーブンで 20 〜 23 分焼く。

※太白ごま油がない場合は、なたね油や溶かしたバター（食塩不使用）をお使いください。

※甘酒は、商品によって濃度に差があるため、使う量は微調整してください。

クッキー生地に楊枝を刺して、目をつける。

写真のように切ったストローを生地に刺して、口をつける。ストローを刺したらグイッと上へ少し動かすと、笑ったような動きのある口ができる。

スタンプクッキー

全粒粉をたっぷり使った生地を型抜きして、スタンプを押したシンプルなクッキー。甘さ控えめで地味〜な色みですが、かわいい絵柄を見ているだけでほっこり和みます。

材料（約25枚分）

A｜全粒粉…140 g
　｜薄力粉…50 g
きび砂糖…60 g
バター（食塩不使用）…90 g
卵…1個
打ち粉（薄力粉など）・メープルシロップ…各適量

メープルシロップがポイント！

つくり方

1　バターは2〜4cm角に切り、冷蔵庫で冷やす。Aも冷蔵庫で冷やしておく。

2　フードプロセッサーに1、きび砂糖を入れて2〜3分攪拌する。さらさらになったら溶き卵を加えて、滑らかになるまで攪拌する。ポリ袋などに入れて、冷蔵庫でひと晩休ませる。

3　2の生地を出して打ち粉をふった台にのせ、めん棒で5〜6mm厚さにのばす。好みの型で抜き、表面に打ち粉をふり、スタンプを押す（ⓐ〜ⓓ）。オーブン用シートを敷いた天板に、間隔を空けて並べる。

4　150℃に予熱したオーブンで12分焼き、いったん取り出す。

5　焼き上がったとき、色を濃くしたい部分（鼻や毛など）にめん棒などでメープルシロップを塗るⓔ。150℃のオーブンでさらに20分焼く。

74

ワンプッシュでかわいい絵柄がつけられる、スタンプクッキー型。@3pm.cookies さんの人気のアルパカくん。ちょうちょうの柄もお気に入り！

生地をのばしたら、花の形など好みの型で抜く。

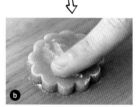

スタンプがくっつかないように、表面に打ち粉をふる。

生地を下まで切らないように、表面にスタンプを軽く押す。

めん棒の先にメープルシロップをつけて、ちょんちょんと塗る。

猫ちゃんクッキー

チョコチップを見ていたら、コロンとした形が猫の目と耳に見えたんです。そこで、オートミール入りのざくざくした食感のクッキーにのせて焼き、とっても素朴な味のクッキーに。

材料（約16枚分）

薄力粉…100 g
オートミール…90 g
卵…1個
きび砂糖…50 g
バター（食塩不使用）…30 g
太白ごま油…40 g
チョコチップ（溶けないタイプ）・レーズン・黒ごま
…各適量

つくり方

1　ボウルに薄力粉、きび砂糖、オートミールを入れてゴムべらで混ぜる。

2　1に卵、太白ごま油、溶かしたバターを加えてさっくり混ぜる。

3　天板にオーブン用シートを敷き、2を大さじ1くらいずつ間隔を空けてのせる。スプーンで軽く平らにして、チョコチップとレーズンで鼻と耳をつけて、黒ごまで目をつける。P.73を参照し、口はストローでつける。

4　160℃に予熱したオーブンで20〜25分焼き、140℃に下げて5〜10分焼く。

※太白ごま油がない場合は、なたね油や溶かしたバター（食塩不使用）をお使いください。

わっぱに入れて、
置きおやつに！

スイートポテト

レンジで蒸したさつまいもをざくざくつぶして、バター
やはちみつと混ぜてまとめて焼いた簡単スイートポテト。
目をつける位置をいろいろかえて、表情の変化を楽しみ
ましょう。

野菜や板チョコでつくる
簡単おやつ

材料（約12個分）

さつまいも（黄・紫）…各1/2本（合わせて約250 g）
バター（食塩不使用）…60 g（室温にもどす）
はちみつ…大さじ3
チョコペン（白・茶）…各適量

つくり方

1 さつまいもは皮をむき1㎝厚さの輪切
   りにし、水にさらして水けをきる。耐
   熱容器に入れてラップをかけ、電子レン
   ジで4〜5分加熱して別々につぶす。

2 バター、はちみつを半量ずつ加えて混
   ぜ、黄色のさつまいもをさつまいもの
   形にまとめる。

3 2を紫色のさつまいもで包み、形を整
   える。天板にオーブン用シートを敷い
   てのせ、ところどころ楊枝を刺して穴
   をあける。

4 200℃のオーブンで15分ほど焼き、
   冷めたらチョコペンで目をつける。

チョコレートタルト

温めた生クリームに刻んだチョコレートを混ぜて、タルトカップに入れただけの簡単タルト。まぁるいタルトカップにぴったりな、明るく元気なお顔が似合います。

失敗しない
黄金比率は **1：1**
（チョコ：生クリーム）

材料（直径4.7cmのタルトカップ各9個分）

ミルクチョコレート…2枚（100g）
ホワイトチョコレート…2枚（100g）
生クリーム…200ml
タルトカップ…18個
マカダミアナッツ・レーズン・チョコチップ・チョコ
ペン（白・黒）…各適量

チョコペン（白）で白目をポチリ。乾いたら、チョコペン（黒）で黒目をぎょろり。

つくり方

1 ミルクチョコレートとホワイトチョコレートは粗く刻む。

2 生クリームは小鍋に半量ずつ入れて、それぞれ沸騰直前まで温める。それぞれにミルクチョコレートとホワイトチョコレートを入れて混ぜ、チョコレートを溶かす。

3 タルトカップに**2**を等分に流し入れて、マカダミアナッツとレーズン、チョコチップで鼻や耳をつける。冷蔵庫で2〜3時間冷やし固める。

4 タルトが固まったら、チョコペンで目と口をつける。
※一度に全部つくると多い場合、半量つくるのがおすすめ。

もう1つ黒目を描いて完成。

トッピングはお好みで。

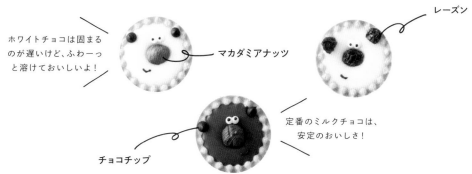

ホワイトチョコは固まる
のが遅いけど、ふわーっ
と溶けておいしいよ！

レーズン

マカダミアナッツ

定番のミルクチョコは、
安定のおいしさ！

チョコチップ

上から見ると
こんな感じ

にんじんケーキ

小さなにんじんの形に切ってつくったグラッセを、ケーキにトッピング！
きょろっとした黒目の位置で表情が変わるヘルシーなケーキです。

材料（直径15cmの丸型1個分）

にんじん…小2本（約200 g）
卵…2個
きび砂糖…80 g
太白ごま油…大さじ4
レーズン…30 g

A
| 水…100㎖
| 砂糖…小さじ2
| バター…10 g

B
| 薄力粉…220 g
| シナモンパウダー…小さじ1
| ベーキングパウダー…小さじ¼

C
| クリームチーズ…100 g（室温にもどす）
| 粉砂糖…50 g
| バター（食塩不使用）…50 g

ローズマリー・チョコペン（白・黒）…各適量

つくり方

1 にんじんは飾り用に少し切り分けて小さなにんじんの形に切り、小鍋に A と入れて弱火で6～7分煮る。

2 残りの粗く刻んだにんじん、卵、太白ごま油をフードプロセッサーで撹拌し、ボウルにあけてきび砂糖を加え、泡立て器で混ぜる。B をふるい入れて、粉っぽさがなくなるまで混ぜる。

3 レーズンを加えてひと混ぜし、オーブン用シートを敷いた型に流し入れる。

4 180℃に予熱したオーブンで、40～45分焼いて粗熱をとる。

5 ボウルに C を入れて滑らかになるまで混ぜ、4 に塗る。1 のにんじんグラッセにローズマリーを刺してチョコペンで目をつけてのせる。

チョコペン（白）で白目を2つつける。にんじんからはみ出さないように、寄り目にするとかわいい。

チョコペン（黒）を楊枝の先につけて、黒目をつける。

焼き立ては、これ！
このまま
食べてもおいしいよー

パイシートでつくる

簡単パイ

ポワソン・ダブリル

フランスでエイプリルフールに食べる習慣がある、魚をモチーフにしたパイ「ポワソン・ダブリル」。小粒のいちごをうろこに見立て、きょろきょろお目めをつけて愛嬌いっぱいのお顔にします。

82

材料（1個分）

冷凍パイシート（15 × 24㎝のもの）…1枚
（室温に 10 ～ 20 分置く）
ギリシャヨーグルト…150 g
はちみつ…大さじ2
卵黄・いちご（小粒）・粉砂糖・
チョコペン（白・黒）…各適量

つくり方

1　まな板の上などにパイシートをのせて、魚の
　形に下絵を描きナイフで切る。内側の円は切
　り取らずに、浅く切り込みを入れておく（**ⓐ**
　～**ⓒ**）。

2　生地にフォークの背を押しあてて、背びれと
　尾をつける。内側にフォークを刺して、数か
　所穴をあける（**ⓓ**、**ⓔ**）。

3　天板にオーブン用シートを敷いて **2** をのせ、
　表面にハケで卵黄を塗る。

4　200℃に予熱したオーブンで8～ 10 分焼き、
　生地が膨らんだら、真ん中のパイ生地を少し
　はがす（**ⓕ**）。さらに、10 ～ 15 分焼き粗熱
　をとる。

5　ヨーグルトとはちみつを混ぜる。

6　**4** に **5** を入れていちごをのせ、粉砂糖をふり
　チョコペンで目をつける。

先が細い箸などで、パイシートに魚の形の下絵を描く。

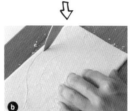

下絵に沿って、ナイフでパイシートを切り取る。

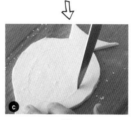

最後にいちごをのせる部分は切り取らずに、浅く切り込みだけ入れておく。

生地にフォークの背を押しつけて、背びれと尾をつくる。

内側の丸の中にフォークを数か所刺して、穴をあける。

生地が膨らんだら真ん中の膨らんだ部分を、厚みの半分くらいまではがす。

りんごのパイ

りんごの形に切ったパイシートに、りんごの甘煮をのせてオーブンへ。
りんごのかわりに、いちごやキウイをのせてもおいしい。

hot and cold

材料（2人分）

冷凍パイシート（15 × 24cmのもの）…1枚
（室温に 10 ～ 20 分置く）
りんご…1個
A｜水・レモンの果汁・はちみつ…各大さじ1
卵黄・チョコペン（白・黒）…各適量

つくり方

1　りんごの甘煮をつくる。りんごは8等
　　分のくし形切りにし、小鍋にAと入れ
　　る。ごく弱火で15分ほど煮たら、粗
　　熱をとる。

2　まな板の上などにパイシートをのせる。
　　先が細い箸などでりんごの形に下絵を
　　2つ描き、ナイフで切り取る。内側の
　　円は切り取らずに浅く切り込みを入れ
　　る。フォークを刺して数か所穴をあけ、
　　1 を入れる。

3　天板にオーブン用シートを敷き、2 をの
　　せて表面にハケで卵黄を塗る。

4　200℃に予熱したオーブンで20 ～ 25
　　分焼き、粗熱をとる。

5　チョコペンで目をつける。

バニラアイスクリー
ムをのせて、レスト
ランのデザート風に。
冷えてもおいしい！

84

ソーセージパイ

お布団みたいに切ったパイ生地に、
ソーセージをゴロンと横たえて焼いたスナックパイ。
ソーセージをいろんな形に切ってのせてみてね！

材料（2人分）

冷凍パイシート（15 × 24cmのもの）…1枚
（室温に 10 ～ 20 分置く）
ソーセージ…4本
卵黄・黒ごま…各適量

つくり方

1　パイシートを横に4等分に切る。

2　ソーセージをたこの形に切り、フライ
　パンで脚が開くまで炒めて **1** にのせ
　る。

3　天板にオーブン用シートを敷き、**2** を
　のせて表面にハケで卵黄を塗る。

4　200℃に予熱したオーブンで20 ～
　25 分焼き、黒ごまで目をつける。
　※たこさんソーセージのつくり方は、P.35
　を参照。

細く切ったパイシートを
ソーセージにくるくる巻い
てオーブンで焼いた、その
名もミイラパイ。へなちょ
こなお顔がくすっと笑えます。
つくり方は、P.61 を参照。

和のおやつ

材料（2人分）

白玉粉…100 g
水…90 ～ 100㎖
A | 水…大さじ4
砂糖…大さじ3
しょうゆ…大さじ1
片栗粉…小さじ2
焼きのり・黒ごま・ひじき…各適量

つくり方

1　ボウルに白玉粉を入れて、水を少しずつ加えて混ぜる。耳たぶくらいの柔らかさになったら、猫の形に整える。耳の部分は楊枝でへこませるとつくりやすい。

2　沸騰したお湯に **1** を入れて、浮き上がってから1～2分ゆでて冷水にとる。

3　たれをつくる。小鍋に **A** を入れて弱火にかけ、とろみがつくまでよく混ぜる。

4　**2** の水けをきって、器に盛る。焼きのり、黒ごま、ひじきで顔をつけて（ⓐ ⓑ）、**3** をかける（ⓒ）。

※余ったら、冷凍貯金できるよ！

子猫の白玉だんご

ある日、無性におだんごが食べたくなり、家にあるもので白玉だんごをつくりました。もちろん、黒ごまやひじきでお顔つけはマスト。甘じょっぱいみたらしのたれをたっぷりかけて、もっちもちの子猫ちゃんに。

三角ちまき

主人の実家から新潟名物の三角ち
まきが届いたので、小さなあられと
黒ごまと焼きのりでお顔つけ。懐か
しい味の和スイーツには、すっきり
した表情が似合い息子もパクパク。

わらび餅

ぷるんと喉ごしがいいわらび餅は、夏
定番のコンビニスイーツ。見た目ほど
水っぽくなく、チョコペン（白・黒）で
簡単にお顔をつけられます。我が家で
は、夏のおやつに登場することもしば
しば。バニラアイスクリームにトッピン
グしてもおいしい。

焼きのりを丸く切って鼻をつける。

黒ごまで目とひげをつけ、ひじき
で口をつける。

ところどころたれをかけて、おだ
んごにまだら模様をつける。

ゆでたとうもろこしの実をざっくり
切り、山型食パンに並べたライオ
ンさん。焼きのり、スライスチーズ、
ブラックココアでお顔をつけたら、
朝ごはんのできあがり〜。お好み
で、バターやマヨネーズを塗っても
おいしい。

わくわく動物園へようこそ!

子どもが大好きな動物をモチーフにした、かわいい顔おやつが集合。
「またつくってね!」と、リピ間違いなしの8つです。

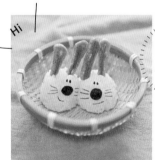

Hi

うさぎ
おにぎり

ぶ〜ぶ〜
肉まん

まぁるいおにぎりに焼きのりで顔
をつけて、カリッとした味つき油
揚げ（市販品）を長〜いお耳に。
耳はラフにのせるとかわいい!

ストローでくり抜いた魚肉
ソーセージを鼻につけた、
ほんわか肉まん。目は黒
ごまとひじき、耳は魚肉
ソーセージでつけたら、
口はぐいっと横につけて
楽しげな表情に。ささっ
とつけて熱々のうちに食
べよう!

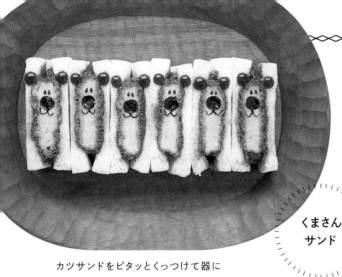

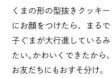

くまの形の型抜きクッキー
にお顔をつけたら、まるで
子ぐまが大行進しているみ
たい。かわいくできたから、
お友だちにもおすそ分け。

**くまさん
クッキー**

**くまさん
サンド**

カツサンドをピタッとくっつけて器に
置き、黒ごまと焼きのりでお顔をつけ
る。ソースを絞り耳をつけたら、ぺろ
りキッチン定番のくまさんサンドに。

**いのしし
どら焼き**

どら焼きにチョコペン
（白・茶）でお顔をつけて、
いのししに。チョコペン
をぽってり絞ると勇まし
くなるよ。

**くますけ
パンケーキ**

パンケーキを薄く2枚焼き、
チョコペン（白・茶）で顔
をお絵かき。口をちょっと
横に描いて、ほほえんだお
顔に。色が濃い方のパン
ケーキは、ココア入り。

**にゃんこ
パン**

猫をモチーフにした流行り
の食パンに、チョコレート
クリーム＆ピーナツバター
を塗ってみけ猫に。最後に
チョコペン（茶）でお顔を
つければ、にゃんこパンの
完成！

私が好きな器について

//

料理も、そこにつけたお顔も、器ひとつで印象が変わるもの。そんなわけで、私が器を選ぶときに気をつけている点や、どんな器を使っているかをまとめてみました。お気に入りの1枚と出合えるように、みなさんの参考になるとうれしいです。

迷ったら、マットな白系が推し！

基本的には、マットな白系の器が好き。光沢がある器もステキですが、撮影時に影ができにくい形や深さかも選択肢のひとつとして器を選んでいます。

よしざわ窯で購入

まとめて買うときは、実際に見て選ぶ！

同じ器を何枚か買うときは、なるべくお店に足を運んでます。器は1枚ずつ焼き色や焼きムラが異なるため、まとめて買うときはなるべく色味をそろえたいもの。ネットで買う際も、オーナーさんに色味を相談するようにしています。

笠間焼きのスープ皿

木の器をどんどん使おう

木の器がもつ優しい風合いや、使い続けるうちに生まれる独特の色合いが大好き。だから我が家では、スープ皿や盛り皿として木の器をよく使っています。木目の個性も面白く、温かい気持ちになるんです。子どもが多少雑に扱っても割れない丈夫さも好きな理由です。

スヴェイル ファニチャーにて購入

今、いちばんの
お気に入りは益子の
「よしざわ窯」

「器は、毎日の食卓で使ってこそ」をコンセプトに、使いやすくて手頃な器を製造販売する栃木県益子町の窯元。アンティーク風のぽってりした器や、独特のざらっとした風合いの器など、自己主張し過ぎず、料理を最大限おいしそうに見せてくれる器ばかり。我が家でふだん使う陶器の多くは、よしざわ窯さんのものなんです。年2回開催される陶器市へも足を運び、毎回お気に入りを見つけるのが楽しみです。

グレーホワイトを基調にした、洋風の器。とはいえ、和洋中、お菓子などオールジャンルに使っています！

❶ ちょっと個性的なリムが気に入っていて、パスタやケーキを盛って顔ごはんに。❷ やや深みがあるので、ワンプレート朝ごはん用の器や、カレー皿などとして使用。❸ スープやサラダを盛るのにぴったりなオーバル皿。マットな質感が上品。❹ つるんとした質感の小鉢。今や息子のお気に入りで、専用皿に。❺ 上品な淡いグレーの色みで、真っ赤なベリーや白和えを盛ると引き立ちます。❻ 白くまの形がかわいい小皿。アクセサリー置きに使う人もいるとか!?

凸凹の三角模様でトレードマークの針を表現した、ハリネズミの皿。とがった部分が熱くならないので、持ちやすいのもポイント！

こんがり焼けたトーストみたいな器。パンとフルーツなどを盛り合わせて、ワンプレート朝ごはんなどに使っています。

鳥をかたどった、オフホワイトの中鉢。納豆ご飯やスープ皿として愛用。

Infomation

よしざわ窯

実店舗はなく、生活陶器「on the table」としてウェブショップを運営中。
https://www.yoshizawa-gama.com/
ほかに、益子町内の民芸店などでも取り扱っている器もあります。

作家ものや北欧の食器も大好き

//

作家ものは個展に足を運んで買うことが多く、ひと目惚れしたものは長く愛用しています。1点ものが多いため、もう二度と会えないかも！ と思った器はお持ち帰りします（笑）。また、アラビアなどフィンランドの器も大好き。自己主張が強い器は、料理とお顔つけはシンプルにするのがコツ。たとえば、パスタを盛って温泉卵をのせ、黒ごまをちょんとつけたりすると両方引き立つので、柄ものも思いきって使っています。

フィンランド語で「楽園」を意味するアラビア社「パラティッシ」シリーズの1枚。ぶどうやりんごが描かれたパターンは、テーブルの彩りに欠かせません！

ゆるやかな曲線と、手にしっとりとなじむ滑らかさが心を豊かにしてくれる飯茶碗。京都の木下和美さん（@kazumi_kinoshita）作。納豆ご飯も品が出ます。

ほどよい厚みと深さ、ツヤのない質感が大好き。どれもすっきりとした印象なので、ご飯ものやおかずを盛ってお顔をつけるとステキ。石岡信之さん（@nobuyuki_ishioka）作。

天高く飛んでいきそうな、かわいい色と形の小皿。東一仁さん（@kazuhito_azuma）の「ウンリュウ」シリーズは、本来は茶器ですが、その受け皿にお漬物やフルーツをのせて使っています。和菓子をお出しするときの茶器は、ウンリュウできまり！

木のものなら、「スヴェイル ファニチャー」

「木と共に生きる」をテーマに、家具や雑貨、器などを扱うインテリアショップ「スヴェイル ファニチャー」さん。ほしいものがあり過ぎて、困っちゃいます（笑）。少しずつ買い足してきたものは、使うほどに暮らしになじみ愛着が増しています。我が家の木の器は、ほとんどスヴェイル ファニチャーさんのもの。店主のご夫婦もステキで、私たちの憧れなんです。オンラインショップもあるので、ぜひのぞいてみてください！

やわらかな手彫りの雰囲気が何ともいえず愛しい、平皿。何を盛ってもおいしそうに感じます！

独身時代から愛用するスープカップ。お味噌汁を盛ったりするのにも重宝してます。

パンやスイーツを盛ったり、使わない日はない！ というくらい愛用しているカッティングボード。

自宅のテーブルやイスもオーダーでつくってもらった、スヴェイルファニチャーにて。（店内撮影許可をいただき、撮影）

Infomation

スヴェイルファニチャー
東京都武蔵野市吉祥寺本町 4-13-15-102
http://svale-furniture.com/
0422-27-5916

フィギュアスケートと私

小学生の頃から今に至るまで、スケートと共に生活をしています。私は優れた選手ではなかったけれど、スケートが大好きで、大学卒業後は海外へ渡りプロとしてアイスショーの道へ進み、帰国後は指導者になりました。大切な事は、目に見える評価や人にどう思われるかでなく、自分の中の『スケートが好き』という素直な気持ちを守り、大切にする事。自ら動き、周りに感謝する事を忘れなければ、成長し続けられると思います。今後も、一人一人の夢に寄り添える指導者を目指していきます。

レッスン風景

お弁当の講習会も

94

おわりに

もうすぐ3歳になる息子は、絶賛イヤイヤ期。私に似てがんこで、食べないと決めたら意地でも食べない主義です。でも、お顔をつけたごはんは、「かわいいね〜」といって、お顔を残して周りだけ食べてくれます。どうやら、お顔は食べられないみたい（笑）。

はい、お顔は食べてくれなくてもいいんです。お顔に惹かれて少しでも食べてくれるなら、全く食べないよりずっといい！　そんな風に思っています。

私の仕事は、フィギュアスケートのコーチ。所属するMFフィギュアスケートアカデミーでは、「主体性、想像力、ベスト」を理念に掲げ、日々子どもたちを指導しています。まさに、子育てもそう。
「食べなさい！」と押しつけるのではなく、「こんなに食べられてえらかったね！」「お顔さん食べないで優しかったね！」と息子の気持ちを尊重していたら、今では自分から3杯も食べるようになりました。

お顔つけをするとき、それを食べる家族が「ほっこり和んでくれますように…」と願いを込めながら、つくっています。
この本を手にしてくださったあなたも、きっと食べるお相手のことを想いながらお顔をつけるはず。
大切なその人が、少しでもほっこり和んでくれますように。
そして、ぺろりキッチンに立つあなたに優しい時間が流れますように。

2021年4月　ぺろり

Profile

ぺろり（本名、南雲百惠／東京都出身）。顔むすびや、鼻デカさん、動物しゅうまいなど、にぎやかな顔ごはんが人気のインスタグラマー。夫と息子の3人家族、1985年生まれ。ほっこり明るく笑顔になるようなぺろりキッチンに立ちお顔つけしています。
仕事はフィギュアスケートのコーチ。南船橋の三井不動産アイスパーク船橋（https://mf-ice.com/）で指導しています。

[インスタグラム]　@peroriiiiii

みんな笑顔で、いただきましょう！

顔ごはんと顔おやつ

2021年4月21日　初版第1刷発行

[著　者]　ぺろり

[発行者]　小澤洋美

[発行所]　株式会社　小学館
　　　　　〒101-8001　東京都千代田区一ツ橋2-3-1
　　　　　電話（編集）03-3230-5125
　　　　　　　（販売）03-5281-3555

[印刷所]　共同印刷株式会社

[製本所]　株式会社若林製本工場

[デザイン]　坂根 舞（井上則人デザイン事務所）

[撮影]　小林キユウ、ぺろり

[イラスト＆書き文字] nonko

[校正]　玄冬書林

[編集協力]　渡辺ゆき

[制作]　浦城朋子・斉藤陽子

[販売]　椎名靖子

[宣伝]　野中千織

[編集]　戸沼侚子